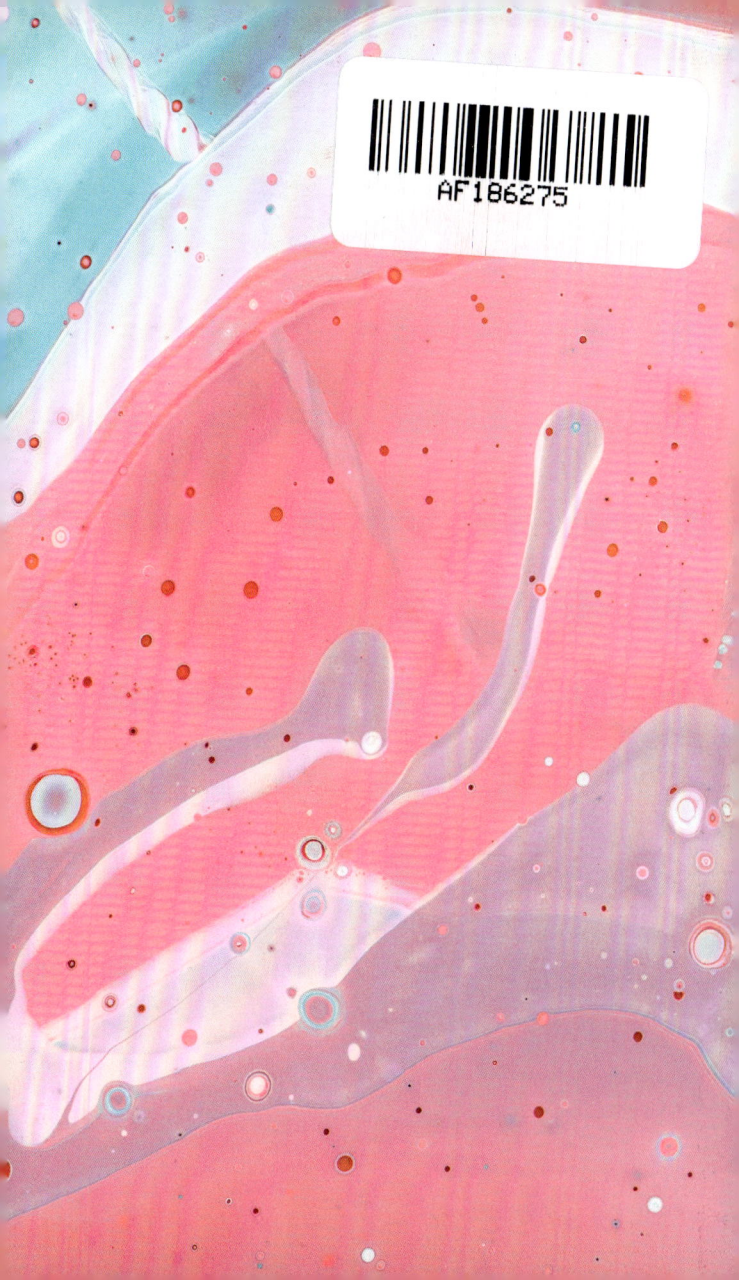

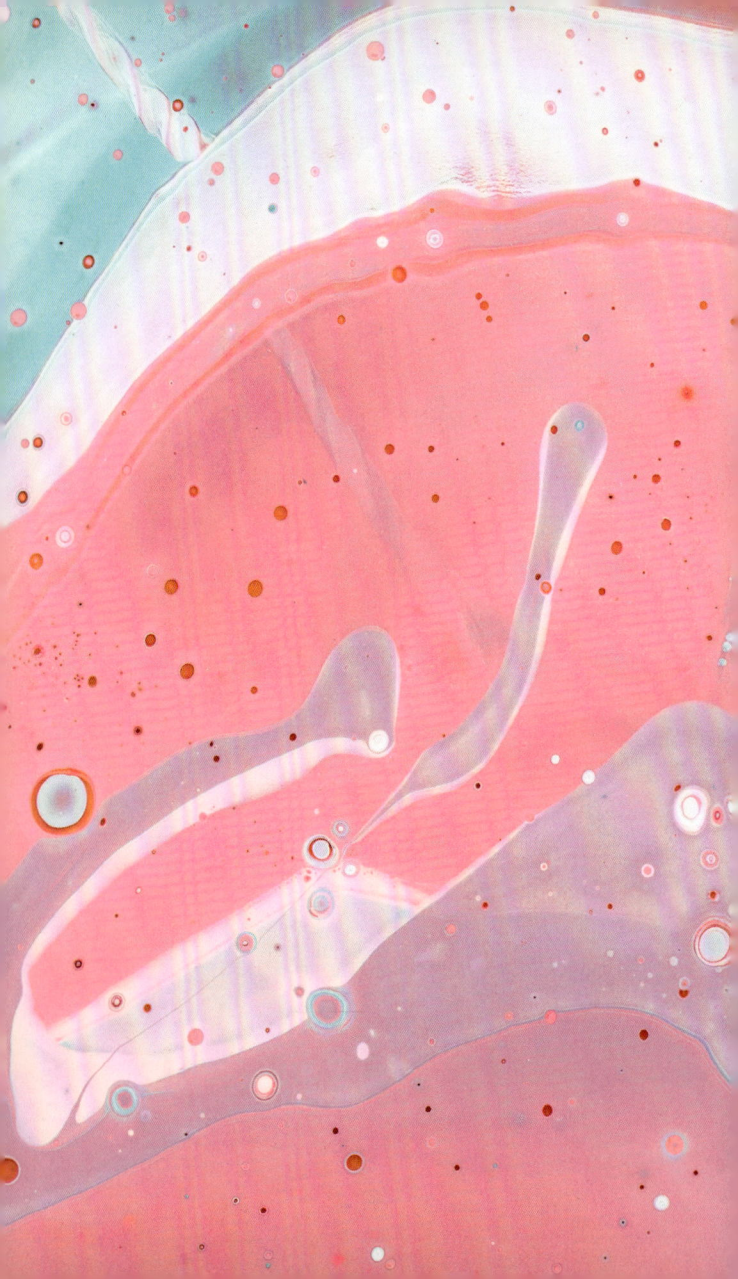

SÜß & zuckerfrei

DIE BESTEN REZEPTE

JAN THORBECKE VERLAG

Inhalt

KUCHEN, TORTEN & TARTES

Tiramisu-Torte mit Honigbiskuit 36
Fettarmer Zitronen-Käse-Kuchen 39
Cashewkuchen mit Himbeeren 40
Himbeertorte mit Zartbitterschokolade 43
Zitronentarte mit Baiser 44
Carrot Cake mit Frischkäse-Orangen-Creme 46

WARME DESSERTS

Glutenfreier Haferflockenauflauf mit Beeren 49
Gebratene Grieß-Schnitten mit Gewürz-Honig-Feigen 50

EIS, PARFAIT & NICECREAM

Himbeersorbet 53
Melonen-Joghurt-Eis 54
Veganes Stracciatella-Eis 55
Joghurt-Parfait mit getrockneten Hibiskusblüten
und Rosenwasser 56
Avocado-Minz-Eis 59
Erdbeer-Joghurt-Nicecream 60
Nicecream mit Erdnussbutter und Himbeeren 63

VEGAN

KOKOS-COTTA

mit Obstsalat

FÜR 4 PORTIONEN

500 ml Kokosmilch ✳ 8 g Agar-Agar ✳ 1 EL Kokosblütenzucker ✳
1 Bio-Limette ✳ 2 EL Orangensaft ✳ 2 kleine Birnen ✳
150 g grüne, kernlose Weintrauben ✳ 4 kleine Feigen ✳
40 g Walnusskerne ✳ Minze zum Garnieren (optional)

❶ Die Kokosmilch mit dem Agar-Agar und dem Kokosblütenzucker in einem kleinen Topf vermischen. Unter Rühren einmal
aufkochen, dann bei milder Hitze 2–3 Minuten köcheln
lassen. Inzwischen die Limette heiß waschen, trocknen, die
Schale fein abreiben und den Saft auspressen. Den Abrieb
und 2 EL Limettensaft in die Kokoscreme rühren. Vier
Timbale-Förmchen (à ca. 150 ml) kalt ausspülen, die Kokoscreme darauf verteilen und mindestens 3 Stunden kühl
stellen.

❷ Inzwischen den Orangensaft und den übrigen Limettensaft
verrühren. Die Birnen waschen, vierteln, entkernen und in
dünne Spalten schneiden. Die Trauben waschen, abzupfen
und halbieren. Die Feigen waschen und achteln, dabei die
Stielansätze entfernen. Die Nüsse grob hacken. Früchte und
Nüsse in der Zitrussaftmischung marinieren.

❸ Vor dem Servieren die Förmchen kurz in heißes Wasser
tauchen, den Rand der Creme mit einem Messer lösen und
die Kokos-Cotta auf kleine Teller stürzen. Die Früchte
drumherum verteilen und das Dessert, falls gewünscht, mit
Minze garnieren.

BEEREN-
CASHEW-
Frischkäse

FÜR 4 PORTIONEN

60 g Cashewkerne ✳ 500 g gemischte Beeren,
z.B. Blaubeeren, Brombeeren, Himbeeren und Johannisbeeren ✳ 4 TL Ahornsirup ✳ 400 g körniger Frischkäse ✳
200 g Quark, Magerstufe

❶ Die Cashewkerne grob hacken und in einer kleinen Pfanne
ohne Fett bei mittlerer Hitze hell anrösten, dann wieder
abkühlen lassen.

❷ Die Beeren verlesen, waschen und trocken tupfen, die
Johannisbeeren von den Rispen streifen. Alle Beeren in einer
Schüssel mischen. Zwei Drittel zum Garnieren beiseitestellen, den Rest mit dem Ahornsirup mit einer Gabel fein
zerdrücken. Den Frischkäse mit dem Quark und zwei Dritteln
der Cashewkerne verrühren. Die zerdrückten Beeren locker
untermischen.

❸ Die Mischung auf Schalen verteilen, mit den übrigen Beeren
und Cashewkernen bestreuen und servieren.

PANNA-
Mascarpone
mit Blaubeeren

FÜR 4 PORTIONEN

3 Blatt Gelatine ✳ 150 ml Sahne ✳ 150 ml Milch ✳ 4 EL Honig ✳
½ TL Vanilleextrakt ✳ 400 g Mascarpone ✳ 300 g Blaubeeren ✳
Minze zum Garnieren (optional)

1 Die Gelatine in kaltem Wasser einweichen. Die Sahne und die Milch mit dem Honig zum Kochen bringen und bei mittlerer Temperatur unter häufigem Rühren auf etwa 150 ml einköcheln lassen. Vom Herd nehmen, die ausgedrückte Gelatine einrühren und auflösen. Die Masse unter gelegentlichem Umrühren auf Zimmertemperatur abkühlen lassen.

2 Den Vanilleextrakt mit dem Mascarpone verrühren und die Honig-Sahne unterheben. In Gläser füllen und im Kühlschrank 2 Stunden kalt stellen.

3 Die Blaubeeren in einem Sieb abbrausen, trocken tupfen und zum Servieren auf der Panna-Mascarpone verteilen. Falls gewünscht, mit frischer Minze garnieren.

JOGHURT-NUSS-DESSERT

mit Erdbeer Chia-Marmelade

FÜR 4 PORTIONEN

MARMELADE
250 g reife Erdbeeren ✳ 1 EL Chiasamen

JOGHURT
75 g Haselnusskerne ✳ 250 g griechischer Joghurt ✳
2 EL Reissirup ✳ 100 m kalte Sahne

AUSSERDEM
Erdbeeren und Erdbeerblüten
zum Garnieren (optional) ✳ 2 EL gehackte Pistazien

❶ Für die Marmelade die Erdbeeren waschen und klein schneiden. Etwa zwei Drittel davon fein pürieren, mit den Chiasamen und den restlichen Erdbeeren vermengen und über Nacht zugedeckt im Kühlschrank quellen lassen.

❷ Für den Joghurt die Haselnüsse grob hacken. Den Joghurt mit dem Reissirup verrühren. Die Sahne steif schlagen und unterheben. Joghurt, Nüsse und Erdbeer-Chia-Marmelade in Gläser schichten und vor dem Servieren noch etwa 1 Stunde kalt stellen. Zum Servieren mit Erdbeeren, gehackten Pistazien und Erdbeerblüten garnieren

ROTE-GRÜTZE
mit Vanillesauce

FÜR 4 PORTIONEN

GRÜTZE

300 g TK-Beerenmischung, z.B. Johannisbeeren, Himbeeren, Blaubeeren, Erdbeeren, Brombeeren ❊ 100 g frische rote Johannisbeeren ❊ 350 g Sauerkirschen (Glas) ❊ Kirschsaft, nach Bedarf ❊ 1 Zimtstange ❊ 4 EL Ahornsirup ❊ 2 EL Speisestärke

VANILLESAUCE

120 ml Milch ❊ 100 ml Sahne ❊ 1 Vanilleschote ❊ 3 Eigelb ❊ 3 EL Birkenzucker ❊ 1 Prise Salz

❶ Die Hälfte der gefrorenen Beeren in eine Schüssel geben und antauen lassen. Die roten Johannisbeeren waschen, abtropfen lassen und abzupfen. Die Sauerkirschen in ein Sieb abgießen, dabei den Saft auffangen und 3 EL beiseitestellen. Den übrigen Saft mit Kirschsaft auf 300 ml ergänzen.

❷ Den Saft in einem Topf mit dem Zimt und dem Ahornsirup aufkochen. Die übrigen gefrorenen Beeren zufügen und alles 3–4 Minuten köcheln lassen. Die Zimtstange wieder entfernen und den Topfinhalt fein pürieren.

❸ Die Speisestärke in dem beiseitegestellten Kirschsaft auflösen und die pürierten Beeren damit binden. Die angetauten Beeren mit den frischen Johannisbeeren hinzufügen, die Kirschen untermischen und alles nochmals kurz aufkochen lassen. Die rote Grütze abkühlen lassen und ca. 2 Stunden kühl stellen.

4 Für die Vanillesauce die Milch mit der Sahne und dem Mark der Vanilleschote einmal aufkochen und zur Seite ziehen. Eigelbe, Birkenzucker und Salz in einem Schlagkessel über einem heißen Wasserbad cremig schlagen, bis das Ganze leicht abbindet, dann in dünnem Strahl die Vanillemilch dazugießen, unterrühren und auf dem Wasserbad rühren, bis die Masse bindet und andickt. Dabei nicht zu heiß werden lassen, sonst gerinnt das Eigelb. Die Sauce von der Hitze nehmen und in eine Sauciere umfüllen. Die Rote Grütze in Schälchen verteilen und die Vanillesauce dazu reichen.

CHIA-KOKOS-PUDDING

VEGAN

mit Papaya und Kokoschips

FÜR 4 PORTIONEN

40 g getrocknete Aprikosen ✳ 1 l ungesüßter Kokosdrink ✳
½ TL Zimtpulver ✳ 120 g Chiasamen ✳ 4 EL Kokoschips ✳
500 g Papaya ✳ 1 TL Schalenabrieb einer Bio-Limette ✳
2 EL Limettensaft

1 Die Aprikosen grob würfeln, dann mit dem Kokosdrink und dem Zimt in einem hohen Rührbecher mit dem Stabmixer fein pürieren. Die Chiasamen dazugeben und das Ganze mit einem Schneebesen gut verrühren. Den Mix etwa 10 Minuten quellen lassen. Danach alles nochmals durchrühren und auf Gläser (ca. 400 ml) verteilen. Zugedeckt ca. 10 Stunden oder über Nacht in den Kühlschrank stellen.

2 Dann die Kokoschips in einer kleinen Pfanne ohne Fett bei mittlerer Hitze hell anrösten und wieder abkühlen lassen. Die Papaya entkernen, schälen und das Fruchtfleisch etwa 1 cm groß würfeln. Ein Drittel davon zum Garnieren beiseitestellen, den Rest mit der Limettenschale und dem -saft in einem hohen Rührbecher mit dem Stabmixer fein pürieren.

3 Zum Servieren das Papayapüree auf dem Chiapudding verteilen und die Papayawürfel daraufgeben. Zuletzt mit den Kokos-Chips bestreuen.

BLAUBEER-ORANGEN-
Kaltschale

500 g frische Blaubeeren ✳ 1 große Bio-Orange ✳
1 Vanilleschote ✳ 1 EL Reissirup ✳
2 TL Johannisbrotkernmehl ✳ 4 EL Mandelblättchen ✳
4 EL Dickmilch, 3,5% Fett

1. Die Blaubeeren verlesen, waschen und trocken tupfen. Die Orange heiß waschen, abtrocknen, 1 TL Schale fein abreiben und den Saft auspressen. Die Vanilleschote längs aufschneiden und das Mark mit einem spitzen Messer herauskratzen.

2. In einem Topf 300 g Blaubeeren, Orangenschale und -saft, Vanillemark und -schote sowie Reissirup mit 300 ml Wasser einmal aufkochen, dann mit geschlossenem Deckel bei milder Hitze etwa 10 Minuten köcheln lassen.

3. Alles durch ein feines Sieb in einen sauberen Topf streichen. Das Johannisbrotkernmehl unter die Flüssigkeit rühren, alles erneut aufkochen und so lange köcheln lassen, bis die Flüssigkeit leicht bindet. Dann vom Herd nehmen und ca. 30 Minuten abkühlen lassen. Anschließend die übrigen Beeren dazugeben und die Kaltschale mit geschlossenem Deckel mindestens 2 Stunden kühl durchziehen lassen.

4. Inzwischen die Mandeln in einer kleinen Pfanne ohne Fett bei mittlerer Hitze hell anrösten und abkühlen lassen.

5. Zum Servieren die Kaltschalte in tiefen Tellern anrichten. Jeweils 1 EL Dickmilch in die Mitte setzen und sternförmig verteilen. Mit den Mandelblättchen garnieren.

AVOCADO- SCHOKO- CREME
mit Erdbeeren
FÜR 4 PORTIONEN

4 EL geschälte Mandeln ✳ 2 reife Avocados ✳ 3 EL Ahornsirup ✳
4 EL Rohkakaopulver ✳ 150 ml ungesüßter Mandeldrink ✳
50 g laktosefreie Bitterschokolade ✳ 350 g Erdbeeren ✳
½ TL gemahlene Vanille

1 Die Mandeln hacken und in einer kleinen Pfanne ohne Fett bei mittlerer Hitze hell anrösten und abkühlen lassen. Die Avocados halbieren und den Stein entfernen, die Avocadohälften schälen und grob würfeln. Mit Ahornsirup, Kakao und 2 EL gehackten Mandeln in einen hohen Rührbecher geben. Den Mandeldrink dazugießen und alles mit dem Stabmixer sehr fein pürieren. Die Bitterschokolade fein hacken und ca. 30 g ebenfalls darunter rühren. Die Creme in Schalen füllen und mindestens 30 Minuten kühl stellen.

2 Inzwischen die Erdbeeren waschen, putzen und vierteln. Mit der Vanille mischen und ziehen lassen. Zum Servieren die Vanille-Erdbeeren auf der Creme anrichten und mit den restlichen Mandeln und der Schokolade bestreuen.

WEIßE

Schokoladen-

MOUSSE

mit Himbeer-Rhabarber-Kompott

FÜR 4 PORTIONEN

350 g geputzter Rhabarber ✳ 100 g Himbeeren ✳ 2 EL Reissirup ✳ 3 Blatt Gelatine ✳ 2 Eier ✳ 100 g zuckerfreie weiße Schokolade ✳ 150 g kalte Sahne ✳ gehackte Pistazien zum Bestreuen (optional)

1. Den Rhabarber klein schneiden. Die Himbeeren abbrausen. Beides mit dem Reissirup langsam unter Rühren zum Kochen bringen und 5 Minuten leise köcheln. Abkühlen lassen.

2. Für die Mousse die Gelatine in kaltem Wasser einweichen. Ein Ei trennen. Die Schokolade hacken und über einem heißen Wasserbad schmelzen und etwas abkühlen lassen. Das Eiweiß steif schlagen und kalt stellen.

3. 2 EL Sahne in einem Topf erwärmen und die ausgedrückte Gelatine darin auflösen. Die restliche Sahne ebenfalls steif schlagen. Das Eigelb und das restliche Ei hell-schaumig schlagen und die geschmolzene Schokolade einrühren. Die Gelatine dazugeben und untermischen. Die Sahne und das Eiweiß nacheinander vorsichtig unterheben. Die Mousse zugedeckt mindestens 4 Stunden kalt stellen.

4. Zum Servieren das Kompott in Schälchen verteilen, die Mousse darauf anrichten und mit Pistazien bestreuen.

Schokoladen-
MOUSSE
mit Lupinencreme
und Kichererbsenschaum

FÜR 4 PORTIONEN

60 g getrocknete Lupinenbohnen ✳ ca. 30 ml Hafermilch ✳
150 g zuckerfeie, vegane Zartbitter-Schokolade ✳
50 ml Kichererbsenwasser (Aqua Faba/Abtropfwasser einer
Kichererbsendose) ✳ 1 Pck. (veganes) Sahnesteif ✳ Meersalz
nach Belieben

1. Die Lupinenbohnen über Nacht in reichlich Wasser einweichen.
2. Am nächsten Tag die Bohnen etwa 30 Minuten in kochendem Wasser garen, kalt abspülen, die Außenhaut einritzen und die Bohnenkerne herausdrücken. Mit der Hafermilch sämig und fein pürieren.
3. Die Schokolade hacken und über einem heißen Wasserbad schmelzen. Mit dem Lupinenpüree glatt verrühren und auf ca. 35 °C abkühlen lassen. Das Kichererbsenwasser zu steifem Schnee aufschlagen und dabei gegen Ende das Sahnesteif einrieseln lassen.
4. Den Kichererbsenschnee vorsichtig mit einem Backspachtel unter die Schokoladenmasse heben und im Kühlschrank etwa 4 Stunden kalt stellen. In Schälchen anrichten und nach Belieben mit etwas grobem Meersalz bestreuen.

WAFFELN
mit Reissüße
FÜR 4 PORTIONEN

30 g Kokosöl + etwas für das Waffeleisen ✳ 2 Eier ✳
4 EL kristalline Reis-Süße ✳ 200 g Dinkelmehl ✳
2 TL Backpulver ✳ 1 TL Vanilleextrakt ✳ 75 ml Mineralwasser ✳
75 ml Milch ✳ 200 g Himbeeren ✳ 200 g Quark ✳ 100 g Sahne

1. Das Kokosöl in einem Topf schmelzen lassen. Die Eier mit
   2 EL Reissüße schaumig schlagen. Das Mehl mit dem
   Backpulver darübersieben und alles mit dem Kokosöl, der
   Vanille, dem Mineralwasser und der Milch zu einem glatten
   Teig verrühren.
2. Das Waffeleisen heiß werden lassen und mit Kokosöl fetten.
   Den Teig portionsweise einfüllen und zu ca. 4 goldbraunen
   Waffeln ausbacken.
3. Die Himbeeren abbrausen und verlesen. Ein paar Beeren zum
   Garnieren beiseitelegen, den Rest mit einer Gabel zerdrü-
   cken. Den Quark mit der Sahne und 1 EL Reissüße cremig
   aufschlagen. Die Himbeeren untermischen und mit den
   Waffeln anrichten. Mit den übrigen Himbeeren garnieren und
   mit der restlichen Reissüße bestäuben.

SCHOKO-PANCAKES

FÜR 12 STÜCK

240 g Buchweizenmehl ❋ 80 g gemahlene Haferflocken ❋ 2 TL Backpulver ❋ 5 EL Kokosblütenzucker ❋ 3 EL Rohkakaopulver ❋ 600 ml Mandeldrink ❋ 100 ml spritziges Mineralwasser ❋ Kokosöl zum Ausbacken ❋ frische Blaubeeren, Kakaonibs und geschmolzene vegane Schokolade zum Servieren (optional)

1 Den Backofen auf 60 °C Ober-/Unterhitze einstellen.

2 Alle trockenen Zutaten in einer Schüssel mischen. Anschließend mit den Quirlen des Handrührgeräts nach und nach Mandeldrink und Mineralwasser einarbeiten, um einen homogenen Teig zu erhalten. Bei Bedarf noch etwas Wasser ergänzen.

3 In einer beschichteten Pfanne jeweils etwas Kokosöl erhitzen und aus dem Teig ca. 12 Pancakes ausbacken. Dazu je 2–3 EL Teig ins heiße Öl setzen und je Seite ca. 2 Minuten backen.

4 Fertige Pancakes im Ofen warmhalten. Nach Belieben mit frischen Blaubeeren, Kakaonibs und geschmolzener Schokolade servieren.

KNUSPER-TÖRTCHEN
mit Joghurt und Beeren

FÜR 8 STÜCK

TÖRTCHENBÖDEN

40 g getrocknete Cranberrys ✳ 60 g Haferflocken ✳
1 EL Butter + etwas für die Formen ✳ 20 ml Sahne ✳ ½ TL Zimt ✳
3 EL Reissirup ✳ 50 g gemahlene Mandeln ✳
50 g Mandelblättchen

FÜLLUNG

250 g griechischer Joghurt ✳ 2 EL Honig ✳ 100 g kalte Sahne ✳
250 g gemischte Beeren, nach Angebot

❶ Den Backofen auf 190 °C Ober-/Unterhitze vorheizen.
8 Vertiefungen eines Mini-Muffinsblechs buttern oder eine
Backmatte mit entsprechenden Silikonförmchen benutzen.

❷ Die Cranberrys klein hacken. Haferflocken in einem Topf mit
Butter, Sahne, Zimt, Reissirup, Mandeln und Cranberrys unter
Rühren erhitzen. In die Förmchen verteilen und Vertiefungen
formen. Im Ofen nach Sicht etwa 15 Minuten goldbraun
backen. Abkühlen lassen und aus den Förmchen heben.

❸ Für die Füllung den Joghurt und den Honig verrühren. Die
Sahne aufschlagen und unterheben. Den Sahnejoghurt bis
zum Servieren kalt stellen. Die Beeren putzen, ggf. waschen
und kleiner schneiden. Kurz vor dem Servieren die Törtchen
mit dem Joghurt füllen und die Beeren darauf verteilen.

RED VELVET CUPCAKES

FÜR 12 STÜCK

TEIG

150 g Weizenmehl ✽ 150 g Dinkelmehl ✽ 2 TL Backpulver ✽ 2 EL Kakaopulver ✽ 200 g Apfelmus ohne Zuckerzusatz ✽ 150 g Ahornsirup ✽ 2 Eier ✽ 60 ml Pflanzenöl + etwas für die Form ✽ 200 ml Buttermilch ✽ 1 TL Vanilleextrakt ✽ einige Tropfen rote Lebensmittelfarbe

TOPPING

400 g Frischkäse ✽ 50 g Erythritpuder oder Birkenpuderzucker ✽ 12 gefriergetrocknete Himbeeren

1. Den Ofen auf 180 °C Unter-/Oberhitze vorheizen. Die Mulden eines Cupcake-Backblechs mit Öl auspinseln.

2. Beide Mehle mit Backpulver und Kakao vermischen. In einer Schüssel Apfelmus mit Ahornsirup, Eiern, Öl, Buttermilch, Vanille und Lebensmittelfarbe verquirlen. Die Mehl-Mischung zugeben und alles zu einem glatten Teig verrühren. In die Mulden füllen und im Ofen ca. 25 Minuten backen (Stäbchen-probe). Aus dem Ofen und vom Blech nehmen und auskühlen lassen.

3. Für das Topping den Frischkäse mit dem Erythritpuder cremig aufschlagen. In einen Spritzbeutel füllen und auf die Cupcakes spritzen. Mit den Himbeeren garnieren.

VEGAN

Ganache-
BROWNIES
ohne Backen

FÜR 8–10 STÜCK

BROWNIES

140 g Haselnusskerne ✳ 40 g Mandelkerne ✳ 3 EL Kakaopulver ✳ 2 Prisen Salz ✳ 230 g Datteln ohne Stein ✳ 1 Vanilleschote ✳ 2 EL Kakaonibs zum Bestreuen ✳ Salzflocken zum Bestreuen

GANACHE

3 EL Mandelmilch ✳ 55 g Kokosöl ✳ 70 ml Ahornsirup ✳ 2 EL Kakaopulver ✳ 1 TL Vanilleextrakt

❶ Den Backofen auf 175 °C Ober-/Unterhitze vorheizen. Ein Backblech mit Backpapier belegen und die Haselnusskerne darauf verteilen. Die Nüsse im Ofen 10–12 Minuten rösten. Die Nüsse herausnehmen, kurz abkühlen lassen und die braune Schale mit einem Tuch grob abreiben.

❷ Drei Viertel der Haselnüsse mit den Mandeln, dem Kakaopulver und dem Salz fein mixen, bis die Masse zu kleben beginnt, dann in eine Schüssel umfüllen. Die Datteln fein mixen, mit dem Mark der Vanilleschote zur Nussmischung geben und alles gut vermengen. Eine 20 × 10 cm große Backform mit Pergamentpapier auslegen, die Browniemasse einfüllen und kühl stellen.

❸ Für die Ganache alle Zutaten in eine Metallschüssel geben. Die Schüssel auf ein warmes Wasserbad setzen und alles gut verrühren, bis das Kokosöl geschmolzen ist. Die Ganache auf die Browniemasse in die Form gießen und glattstreichen. Die Form 25–30 Minuten kühl stellen.

❹ Inzwischen die übrigen Haselnüsse grob hacken. Wenn die Oberfläche fest zu werden beginnt, die Ganache mit gehackten Haselnüssen, Kakaonibs und Salzflocken bestreuen. Die Form in den Kühlschrank zurückstellen und mindestens 2 Stunden kühlen. Herausnehmen, die Masse mitsamt dem Pergamentpapier aus der Form heben, in 8–10 rechteckige Stücke schneiden und die Brownies servieren.

Glutenfreie TÖRTCHEN *mit frischen Früchten und Sahne*

FÜR 6 STÜCK

Pflanzenöl für die Förmchen ✳ 100 g weiche Butter ✳ 100 g Honig ✳ 3 Eier ✳ 100 g (glutenfreies) Mehl + etwas für die Form ✳ 75 g gemahlene Mandeln ✳ 1 TL Backpulver ✳ 75 ml Milch ✳ 60 g Schokoladenraspel ✳ 150 g Blaubeeren ✳ 150 g Johannisbeeren ✳ 250 g Sahne

1 Den Backofen auf 180 °C Ober-/Unterhitze vorheizen. Die Mulden eines 6-er-Mini-Gugelhupfbackblechs (mit glattem Rand) mit Öl auspinseln und mit Mehl ausstreuen.

2 Die Butter mit dem Honig cremig rühren. Nach und nach die Eier zugeben und untermischen. Das Mehl mit den Mandeln und dem Backpulver zugeben und alles mit der Milch zu einem glatten Teig verrühren. Die Schokoladenraspel unterziehen. Den Teig in die Mulden füllen und im Ofen ca. 25 Minuten backen (Stäbchenprobe). Abkühlen lassen, vom Blech nehmen und vollständig auskühlen lassen.

3 Die Beeren abbrausen und verlesen. Die Sahne steif schlagen und in die Törtchen füllen. Mit den Beeren garnieren.

TIRAMISU-TORTE

mit Honigbiskuit

FÜR 1 SPRINGFORM MIT 26 CM DURCHMESSER

TEIG

3 Eier ✳ 1 Msp. Salz ✳ 60 g flüssiger Honig ✳ 120 g Mehl ✳
1 TL Backpulver ✳ 1–2 EL gemahlene Mandeln ✳
50 ml kalter Espresso ✳ 2 EL Amaretto

CREME

3 Eier ✳ 50 g flüssiger Honig ✳ 2 EL Amaretto ✳
500 g Mascarpone ✳ 1–2 EL Gelatine-Fix ohne Auflösen ✳
100 g Mandelblättchen ✳ Kakaopulver zum Bestäuben

1 Den Backofen auf 180 °C Ober-/Unterhitze vorheizen. Eine Springform (ca. 26 cm ø) mit Backpapier auslegen.

2 Die Eier trennen und die Eiweiße mit dem Salz zu steifem Eischnee schlagen. Die Eigelbe mit dem Honig schaumig rühren. Das Mehl mit dem Backpulver vermischen. Den Eischnee auf die Eigelbcreme setzen, die Mehlmischung darübersieben und alles unterheben, bis ein luftiger Teig entstanden ist. Den Teig in die Springform füllen und glattstreichen. Im Ofen ca. 20 Minuten backen (Stäbchenprobe). Aus der Form lösen und auskühlen lassen.

3 Den Espresso mit 2 EL Amaretto mischen und den Biskuitboden damit tränken.

4 Für die Creme die Eier trennen und das Eiweiß steif schlagen. Die Eigelbe mit dem Honig und dem Amaretto weißschaumig rühren, den Mascarpone und die Gelatine unterrühren, zuletzt den steifen Eischnee unterheben. Die Mascarponecreme auf dem Biskuit verteilen und zu einer leichten Kuppel glattstreichen. Die Tiramisutorte 2 Stunden kaltstellen. Währenddessen die Mandeln in einer beschichteten Pfanne ohne Fett goldgelb rösten, dann abkühlen lassen.

5 Zum Servieren mit Kakao bestäuben und am Rand die Mandeln aufstreuen.

Fettarmer
ZITRONEN-KÄSE-KUCHEN

FÜR 1 SPRINGFORM MIT CA. 20 CM DURCHMESSER

BODEN
200 g Butterkekse, Low-Carb ❋ 80 g Joghurt-Butter

BELAG
500 g Frischkäse, Magerstufe ❋ 250 g Quark, Magerstufe ❋
2 EL Speisestärke ❋ 60 g Birkenzucker ❋ 2 Eigelb ❋ 2 Eier ❋
1 Prise Salz ❋ Mark einer Vanilleschote ❋ 1 Bio-Zitrone, Abrieb
und Saft

❶ Den Ofen auf 180 °C Ober-/Unterhitze vorheizen. Die Springform (ca. 20 cm ø) mit Backpapier auslegen.

❷ Für den Boden die Kekse fein zerkrümeln. Die Butter schmelzen und unter die Kekse mengen. Die Keksmasse gleichmäßig auf den Boden der Springform drücken.

❸ Für den Belag alle Zutaten mit einem Schneebesen verrühren. Die Masse auf den Keksboden geben und glattstreichen. Den Kuchen 50–60 Minuten im vorgeheizten Ofen backen. Sollte der Kuchen zu dunkel werden, mit Alufolie abdecken.

❹ Anschließend auskühlen lassen und aus der Form lösen. In Stücke geschnitten servieren.

CASHEW-KUCHEN

mit Himbeeren

FÜR 1 SPRINGFORM MIT 20 CM DURCHMESSER

BELAG
400 g Cashewkerne ✳ 2 Bananen ✳ 120 g Kokosöl ✳
1 TL Vanilleextrakt ✳ 4 EL Agavendicksaft ✳ 2 EL Zitronensaft ✳
200 g TK-Himbeeren

BODEN
200 g Mandeln ✳ 150 g Haselnüsse ✳ 150 g Datteln ✳
2 EL Kakaopulver ✳ 5 EL Mandelmilch oder nach Bedarf

1 Die Cashewkerne für den Belag über Nacht in Wasser einweichen, dann in einem Sieb abtropfen lassen.

2 Den Boden einer Springform (ca. 20 cm ø) mit Backpapier auslegen. Die Mandeln mit den Haselnüssen, den Datteln und dem Kakaopulver in die Küchenmaschine füllen und zu einer feinen Masse pürieren. Dabei die Mandelmilch einfließen lassen, bis die Masse bindet und formbar ist. In die Form füllen und gleichmäßig flach drücken. Mindestens 30 Minuten kalt stellen.

3 Die Bananen schälen und in Scheiben schneiden. Das Kokosöl schmelzen lassen und mit den Cashewkernen, den Bananen, der Vanille, dem Agavendicksaft und dem Zitronensaft zu einer cremigen Masse pürieren. Die Hälfte abnehmen und den Rest mit 150 g der Himbeeren erneut pürieren. Die helle Creme auf den Boden streichen und mit der Himbeer-Creme bedecken. Mindestens 2 Stunden kalt stellen. Zum Servieren mit den übrigen Himbeeren garnieren.

HIMBEER-TORTE

mit Zartbitterschokolade

FÜR 1 SPRINGFORM MIT CA. 26 CM DURCHMESSER

270 g Zartbitter-Kuvertüre ✳ 6 Eier ✳ 200 g weiche Butter ✳ 200 g Erythritpuder oder Birkenpuderzucker ✳ 150 g Mehl ✳ 1 TL Backpulver ✳ 100 g gemahlene Mandeln ✳ 250 g Himbeeren ✳ 80 g Sahne

1. Den Ofen auf 180 °C Ober-/Unterhitze vorheizen. Die Backform mit Backpapier auskleiden.

2. 150 g Kuvertüre hacken und im Wasserbad schmelzen lassen. Die Eier trennen. Die Butter mit dem Erythritpuder cremig rühren. Nach und nach die Eigelbe untermischen, dann die Kuvertüre unterrühren. Das Mehl mit dem Backpulver und den Mandeln darüberstreuen und unterziehen. Das Eiweiß steif schlagen und unter den Teig heben. In die Form (ca. 26 cm ø) füllen, glattstreichen und im Ofen ca. 1 Stunde backen (Stäbchenprobe). Den Kuchen abkühlen lassen, aus der Form lösen und auf einem Kuchengitter vollständig auskühlen lassen.

3. Zum Garnieren die Himbeeren abbrausen, verlesen und trocken tupfen. Die restliche Kuvertüre hacken und in eine Schüssel geben. Die Sahne erhitzen, über die Kuvertüre gießen und glattrühren. Den Kuchen damit glasieren, mit den Himbeeren belegen und vor dem Anschneiden mindestens 2 Stunden kalt stellen.

ZITRONEN-TARTE
mit Baiser

FÜR 1 SPRINGFORM MIT 28 CM DURCHMESSER

BODEN

150 g Mehl ✳ 100 g gemahlene Mandeln ✳ 100 g Butter + etwas für die Form ✳ 1 Ei ✳ 1 EL Erythritpuder oder Birkenpuderzucker

BELAG

5 Eier ✳ 2 Eigelb ✳ 150 g Erythritpuder oder Birkenpuderzucker ✳ 200 ml Zitronensaft ✳ Schalenabrieb von 2 Bio-Zitronen ✳ 1 EL Speisestärke

1. Für den Boden alle Zutaten zu einem glatten Teig verkneten, dabei nach Bedarf ein wenig kaltes Wasser ergänzen. Zu einer Kugel formen und ca. 30 Minuten kalt stellen.

2. Den Ofen auf 180 °C Ober-/Unterhitze vorheizen. Die Tarteform (ca. 28 cm ø) mit Butter fetten. Den Teig auswellen und die Form damit auskleiden. Mit Backpapier und Backbohnen belegen und ca. 15 Minuten vorbacken. Bohnen und Backpapier entfernen und die Tarte leicht abkühlen lassen.

3. Inzwischen für den Belag 3 Eier trennen. Die übrigen beiden Eier mit allen Eigelben und 100 g Erythrit cremig aufschlagen. Den Zitronensaft und den Abrieb mit der Stärke in einen Topf füllen und erwärmen. Die Eier-Mischung unter Rühren einfließen lassen und unter weiterem Erhitzen andicken, aber nicht kochen lassen. Auf den Teigboden gießen und glattstreichen. Das Eiweiß mit dem übrigen Erythrit steif schlagen. Wolkig auf die Creme streichen und zurück im Ofen ca. 25 Minuten goldbraun fertig backen. Auskühlen lassen.

CARROT CAKE
mit Frischkäse-Orangen-Creme

FÜR 1 SPRINGFORM MIT CA. 24 CM DURCHMESSER

TEIG

300 g Möhren ✸ 100 g weiche Butter + etwas für die Form ✸
150 g Birkenzucker ✸ 1 Prise Salz ✸ 4 Eier ✸
100 g gemahlene Mandeln ✸ 200 g Mehl + etwas für die Form ✸
2 EL Weinstein-Backpulver ✸ ½ TL Zimt ✸ 2 Prisen Muskatblüte
(Macis) ✸ 1 säuerlicher Apfel ✸ 30 g Kokosraspel

FROSTING

2 Bio-Orangen ✸ 150 g weiche Butter ✸ 60 g Birkenpuderzucker
✸ 1 TL Vanilleextrakt ✸ 250 g Doppelrahmfrischkäse

1 Den Backofen auf 180 °C Ober-/Unterhitze vorheizen. Den
Boden einer Springform (ca. 24 cm ø) mit Backpapier auslegen, den Rand mit Butter fetten und mit Mehl bestäuben.

2 Die Möhren schälen und sehr fein reiben. Die Butter mit dem
Birkenzucker und dem Salz cremig rühren. Nach und nach die
Eier einzeln unterrühren. Die Möhren mit den gemahlenen
Mandeln, dem Mehl, dem Backpulver, dem Zimt und der
Muskatblüte mischen und zügig unter die Butter-Ei-Masse
rühren. Den Apfel schälen, vierteln, entkernen und in feine
Würfel schneiden. Apfelwürfel und Kokosraspel unterheben,
den Teig in die Form füllen, glattstreichen und im Ofen
ca. 50 Minuten backen. Herausnehmen, kurz abkühlen und
auf einem Kuchengitter auskühlen lassen.

3 Für das Frosting die Orangen heiß waschen, trocken tupfen und von 1 Orange die Schale fein abreiben. Die Schale der zweiten Orange mit einem Zestenreißer in feinen Streifen abziehen. Den Orangenabrieb mit der weichen Butter, dem Puderzucker und der Vanille cremig rühren, dann den Frischkäse portionsweise unterrühren.

4 Den Kuchen quer halbieren, den unteren Boden mit einem Drittel der Frischkäse-Orangen-Creme bestreichen. Den zweiten Boden auflegen und die Torte ringsum mit der übrigen Frischkäsecreme bestreichen und mit den Orangenzesten bestreut servieren.

Glutenfreier Haferflocken-
AUFLAUF
mit Beeren

FÜR 4–6 PORTIONEN

400 g Beeren, z.B. Himbeeren, Blaubeeren, Erdbeeren +
1 Handvoll Beeren zum Servieren ❋ 150 g kernige (glutenfreie)
Haferflocken ❋ 1 Vanilleschote ❋ 1 TL Zimtpulver ❋
1 Msp. Muskatblüte (Macis) ❋ 1 Birne ❋ 2 EL Zitronensaft ❋
50 g gehackte Mandelkerne ❋ 50 g gehackte Haselnusskerne ❋
75 g Rosinen ❋ 3 EL Ahornsirup ❋ weiche Butter für die Form ❋
450 ml Milch ❋ 250 ml Sahne ❋ 50 g Mandelblättchen ❋
Zitronenmelisse für die Garnitur (optional)

1 Den Backofen auf 180 °C Ober-/Unterhitze vorheizen. Die
Beeren waschen, verlesen und gut abtropfen lassen.

2 Die Haferflocken in einer Schüssel mit dem Mark der
Vanilleschote, dem Zimt und der Muskatblüte vermischen.
Die Birne waschen, vierteln, vom Kerngehäuse befreien, klein
würfeln und mit Zitronensaft beträufeln. Die Birnenwürfel mit
den gehackten Mandeln und Haselnüssen, den Rosinen und
2 EL Ahornsirup unter die Haferflocken mengen.

3 Eine ofenfeste Form mit Butter ausstreichen und die
Mischung einfüllen. Milch und Sahne darübergießen. Die
Beeren zugeben und den Auflauf im Ofen ca. 35 Minuten
backen, bis die Flüssigkeit fast ganz absorbiert ist. Herausnehmen, die Ofentemperatur auf 220 °C erhöhen, den Auflauf
mit Mandelblättchen bestreuen, mit dem restlichen Ahornsirup beträufeln und noch ca. 5 Minuten backen.

4 Aus dem Ofen nehmen, kurz abkühlen lassen, mit frischen
Beeren bestreuen und mit Zitronenmelisse garniert servieren.

Gebratene
GRIEß-SCHNITTEN
mit Joghurt und Beeren

FÜR 4 PORTIONEN

FEIGEN
6 Feigen ❋ 3 EL Honig ❋ 75 ml roter Portwein ❋
1 Zimtstange ❋ 2 Sternanis

GRIEß-SCHNITTEN
500 ml Milch ❋ 30 g Butter ❋ 30 g Agavendicksaft ❋
½ TL Vanilleextrakt ❋ 1 Prise Salz ❋ 130 g Weichweizengrieß ❋
½ Bio-Zitrone ❋ 2 Eier ❋ Semmelbrösel zum Panieren ❋
Butterschmalz zum Braten

❶ Die Feigen waschen, halbieren und mit der Schnittfläche nach oben in eine Auflaufform legen. Honig und Portwein mit Zimt und Anis aufkochen und heiß über die Feigen gießen. Zugedeckt im Kühlschrank 3 Stunden marinieren lassen.

❷ Für die Schnitten Milch, Butter, Dicksaft und Vanille mit dem Salz aufkochen. Den Grieß einrühren und bei niedriger Temperatur unter ständigem Rühren 5–10 Minuten quellen lassen. Die Schale der Zitrone abreiben und einrühren. Den Grießbrei in einer kleinen Auflaufform glatt verstreichen und im Kühlschrank vollständig abkühlen lassen.

❸ Den ausgekühlten Grieß auf die Arbeitsfläche stürzen und in Rauten schneiden. Die Eier mit 2–3 EL Wasser verquirlen, die Rauten darin nacheinander wenden und dann in den Semmelbröseln panieren. In heißem Butterschmalz von beiden Seiten goldbraun backen und zusammen mit den Feigen servieren.

HIMBEER-SORBET

FÜR 6 PORTIONEN

800 g TK-Himbeeren ✳ 3 überreife Bananen ✳
100 g frische Himbeeren

1 Die TK-Himbeeren noch gefroren in einen Mixer geben. Die Bananen schälen, klein schneiden und beides sehr fein cremig mixen.

2 Die frischen Himbeeren verlesen, grob klein zupfen, untermischen und das Sorbet in ein Metallgefäß (ca. 1,25 l) füllen. Für ca. 1 Stunde einfrieren, dabei ab und zu umrühren, damit es schön cremig bleibt.

MELONEN-JOGHURT-EIS

FÜR 6 PORTIONEN

600 g Cantaloupe-Melonen-Fruchtfleisch ✳
3 überreife Bananen ✳ 400 g griechischer Joghurt

1 Das Melonenfruchtfleisch grob würfeln und für ca. 1 Stunde einfrieren. Die Bananen schälen, in Stücke schneiden, mit der Melone und dem Joghurt im Mixer fein pürieren.

2 In eine Metallform (ca. 1,25 l) füllen und für ca. 1 Stunde einfrieren. Dabei immer wieder umrühren, damit es cremig bleibt.

FOTO SIEHE SEITE 52

VEGANES STRACCIA-TELLA-EIS

FÜR 6 PORTIONEN

60 g gehackte Mandeln ❋ 10 überreife Bananen ❋
200 ml Mandelmilch ❋ ½ TL Vanillepulver ❋ 60 g Kakaonibs

1 Die Mandeln in einer Pfanne ohne Fett rösten und abkühlen lassen.

2 Die Bananen schälen, klein schneiden und ca. 1 Stunde anfrieren. Anschließend mit der Mandelmilch nach und nach im Mixer sehr fein cremig pürieren, dabei die geriebene Vanille zugeben.

3 Die Hälfte der Kakaonibs und der Mandeln untermengen und das Eis in eine Metallform (ca. 1,25 l) füllen. Restliche Kakonibs und Mandeln darauf verteilen und das Eis für ca. 1 Stunde einfrieren.

FOTO SIEHE SEITE 52

JOGHURT-PARFAIT

mit getrockneten Hibiskusblüten und Rosenwasser

FÜR 12 PORTIONEN

2 Bananen ✳ 4 EL Zitronensaft ✳ 250 g Sahnejoghurt ✳
150 g Sahne ✳ 2 Eiweiß ✳ 4 getrocknete Hibiskusblüten ✳
½ TL Speisestärke ✳ 100 ml Apfelsaft ✳ 200 g Litschis ✳
150 g Himbeeren ✳ einige Tropfen Rosenwasser ✳
Minze zum Garnieren (optional)

1 Die Bananen schälen und in Scheiben schneiden. Mit 2 EL
Zitronensaft fein pürieren. Unter den Joghurt mischen. Die
Sahne und die Eiweiße jeweils steif schlagen. Beides unter
die Joghurtcreme ziehen. In die Mulden einer 12-er-Mini-
Gugelhupf-Silikonform füllen und mindestens 5 Stunden
einfrieren.

2 Die getrockneten Blüten mit der Stärke, dem Apfelsaft, 2 EL
Zitronensaft und 100 ml Wasser unter Rühren aufkochen und
leicht binden lassen. Die Litschis schälen, halbieren und
entkernen. Mit den verlesenen Himbeeren in eine Schüssel
geben. Die Flüssigkeit durch ein Sieb darübergießen und das
Rosenwasser untermischen. Auskühlen lassen.

3 Das Parfait aus der Form lösen und die Früchte darüber
verteilen. Mit Minze garnieren.

AVOCADO-MINZ-EIS

FÜR 4 PORTIONEN

300 g reife Avocados, ca. 2 Stück ✳ 2 Stängel Minze + etwas
zum Garnieren ✳ 1 TL Schalenabrieb einer Bio-Limette ✳
2 EL Reissirup ✳ 200 g Mandeldrink

❶ Die Avocados halbieren, den Stein entfernen und das
Fruchtfleisch aus der Schale heben. Die Minze waschen,
trocken schütteln und die Blätter abzupfen. Alles mit dem
Limettenabrieb, dem Reissirup und dem Mandeldrink
pürieren.

❷ In ein Gefäß füllen und ca. 4 Stunden einfrieren. Dabei immer
wieder kräftig umrühren, um ein cremiges Eis zu erhalten.

❸ Zum Servieren Kugeln abstechen und mit Minze garnieren.

ERDBEER-
JOGHURT-
Nicecream

FÜR 4 PORTIONEN

400 g Erdbeeren ❋ 3 Bananen ❋ 150 g Naturjoghurt ❋
3 EL Orangensaft ❋ 40 g Zartbitter-Schokolade

1 Die Erdbeeren abbrausen, putzen und halbieren. Den Boden von 4 Gläsern (ca. 200 ml) mit Erdbeerhälften auslegen und zusammen mit einigen Erdbeerhälften zum Garnieren kalt stellen.

2 Die Bananen schälen und in Scheiben schneiden. Zusammen mit den restlichen Erdbeeren etwa 3 Stunden einfrieren. Anschließend mit dem Joghurt und dem Orangensaft im Mixer zu einer feinen Eiscreme pürieren.

3 In die Gläser füllen und mit den übrigen Erdbeeren belegen. Die Schokolade darüber raspeln und servieren.

NICECREAM
mit Erdnussbutter und Himbeeren

FÜR 4 PORTIONEN

NICECREAM

200 g Himbeeren ✳ 200 g Blaubeeren ✳ 8 Aprikosen ✳
6 Bananen ✳ 2 EL Erdnussbutter ✳ 100 ml Kokosmilch

ZUM GARNIEREN (OPTIONAL)

1 EL Kokoschips ✳ 1 EL Kokosraspel ✳ 1 EL gefriergetrocknete
Himbeeren

1 Die Beeren abbrausen und putzen. Die Aprikosen waschen,
2 Stück zum Garnieren beiseitelegen, den Rest halbieren und
entkernen. Die Bananen schälen und in Scheiben schneiden.
Mit den halbierten Aprikosen und der Hälfte der Beeren
mindestens 4 Stunden einfrieren.

2 Die gefrorenen Früchte mit der Erdnussbutter und der
Kokosmilch cremig pürieren. Auf Schälchen verteilen.

3 Die übrigen Aprikosen entkernen und in Spalten schneiden.
Mit den restlichen Beeren auf der Nicecream anrichten und
mit den Kokoschips und Kokosraspeln bestreuen. Die
gefriergetrockneten Himbeeren darüberbröseln und servieren.

VERLAGSGRUPPE PATMOS

PATMOS
ESCHBACH
GRÜNEWALD
THORBECKE
SCHWABEN
VER SACRUM

Die Verlagsgruppe
mit Sinn für das Leben

© 2022 Jan Thorbecke Verlag,
Verlagsgruppe Patmos in der
Schwabenverlag AG, Ostfildern

Gestaltung:
Finken & Bumiller, Stuttgart
Rezepte:
Stockfood Rezepte Service
Druck:
Finidr s.r.o., Český Těšín
Hergestellt in Tschechien
ISBN 978-3-7995-1535-1

Bildnachweis:
© StockFood/für ZS Verlag/
Timmann, Claudia: Seite 5, 6, 13, 14,
17, 18, 58; © StockFood/Gräfe &
Unzer Verlag/Winner, Katrin: Seite
9, 42, 45; © StockFood/
Brooks-Dammann, Susan: Seite 10;
© StockFood/Wischnewski, Jan:
Seite 21, 22; © StockFood/Gräfe &
Unzer Verlag/Brinkop, Maria: Seite
25, 26, 30; © StockFood/Gräfe &
Unzer Verlag/Grossmann.Schuerle:
Seite 29, 37, 47, 51, 57;
© StockFood/The Picture Pantry:
Seite 33; © StockFood/freiknus-
pern: Seite 34; © StockFood/Bauer
Syndication: Seite 38; © Stock-
Food/Asya Nurullina: Seite 41;
© StockFood/Meliukh, Irina: Seite
48; © StockFood/News Life Media:
Seite 52; © StockFood/Friedrichs,
Emma: Seite 61; © StockFood/
Castilho, Rua: Seite 62.

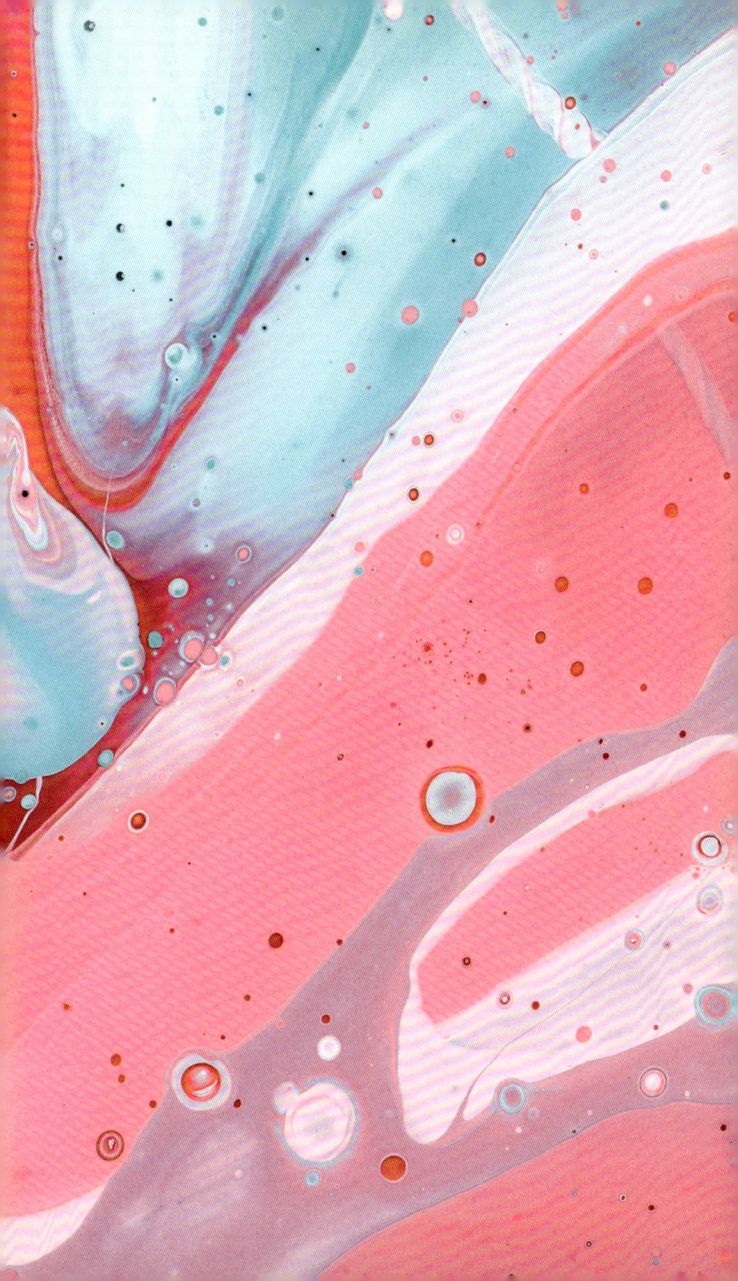